# Canada

Contents

Takakkaw Falls, Yoho National Park, British Columbia

Takakkaw is an Indian word meaning wow, a perfect description of these falls produced by the melting of a glacier.

*Chutes Takakkaw, Parc national Yoho, Colombie-Britannique*

*En langue indienne, Takkakaw signifie sensationnel, expression qui convient bien à ces chutes créées par la fonte des glaciers.*

Canada is the second largest country in the world after Russia, yet our relatively small population of 29 million has settled comfortably along the continent-wide border with the United States.

The name originates from the Iroquois word "Kanata", meaning "village". In the 1500s Kanata was the land between Île Aux Coudres (p.44) and Hochelaga (later known as Montréal), where natives had built permanent villages.

John Cabot officially discovered Canada in 1497 when he pounded a British flag into the soil of Cape Breton (p.14), unaware that the country's first visitors arrived 40 thousand years earlier from Siberia.

New immigrants to Canada come from all over the globe. The Canadian philosophy, rather than producing the "melting pot" of the United States, is to allow each separate culture to flourish. We are a nation of many cultures. In addition to the most numerous -- the English and French, there are the Inuits and various native Indian bands, the north and south Europeans, the Jews, the Arabs, the Japanese, the Chinese, the Caribbeans, the east Indians, and many other nationalities. This country is, especially in its major cities, a microcosm of the world.

However, we are a peaceful people. No civil wars or revolutions in our past. Perhaps it's because we are blessed with a country that is extraordinarily beautiful.

*Après la Russie, le Canada possède le plus grand territoire du monde. Pourtant, notre population peu élevée de 26 millions d'habitants se concentre le long de la frontière avec les États-Unis.*

*Le nom vient du mot KANATA qui, en iroquois, signifie village. Au 16e siècle, le KANATA désignait les terres entre l'Île aux coudres (p.44) et Hochelaga (qui devint Montréal), village permanent des Indiens d'alors.*

*John Cabot a officiellement découvert le Canada en 1497 lorsqu'il a planté le drapeau britannique à l'île du Cap-Breton (p.14) mais il ignorait que les premiers occupants étaient venus de Sibérie il y a 40 000 ans.*

*Les nouveaux immigrants du Canada viennent de partout dans le monde. À l'encontre de la philosophie américaine du «melting pot», le Canada ne veut pas fondre les multiples cultures qui le composent. Outre les cultures française et anglaise prédominantes -- s'épanouissent également celles des Inuit et des Amérindiens, des Européens du sud et du nord, des Juifs, des Arabes, des Japonais, des Chinois, des Caraïbes, des Antillais et de nombreuses autres nationalités. Nos grandes villes sont un véritable microcosme du monde.*

*Nous sommes des gens pacifiques et notre passé ne compte aucune guerre civile ou révolution. Peut-être est-ce à cause de la splendeur et de la beauté exceptionnelles de notre pays!*

Mount Robson, British Columbia.

Wildflowers blanket a meadow at the base of Mount Robson, at 3,954 metres (12,972 ft.) the highest peak in the Canadian Rockies.

*Mont-Robson, Colombie-Britannique*

*Les fleurs des champs tapissent l'alpage au pied du mont Robson, sommet le plus élevé des Rocheuses à 3 954 mètres (12 972 pi).*

Cathedral Grove, British Columbia

On the east coast of the sparsely-populated Vancouver Island, a stroll through a dense grove of Douglas Fir trees is memorable. Many of these 800-year old giants rise 60 metres (200 ft.) and more.

*Cathedral Grove, Colombie-Britannique*

*Se promener dans la forêt de la côte est de l'Île peu peuplée de Vancouver s'avère inoubliable. On y côtoie des sapins Douglas géants, vieux parfois de 800 ans et d'une hauteur de 60 mètres (200 pi) et plus.*

Moraine Lake, Banff National Park, Alberta
*Lac Moraine, Parc national Banff, Alberta*

Lake Louise, Banff National Park, Alberta

Banff is Canada's oldest national park, a year-round attraction where you can ski, play golf, cycle, climb, fish, horseback ride, relax in the hot springs and fall hopelessly in love with the views. To glide through the emerald green waters of Lake Louise on canoe, with the surrounding peaks dominated by the crisp whiteness of Victoria Glacier--now this is heaven on earth.

*Lac Louise, Parc national Banff, Alberta*

*Banff est le plus ancien parc national du Canada. Ouvert toute l'année, on peut y pratiquer le ski, le golf, la bicyclette, l'alpinisme, la pêche, l'équitation ou tomber follement amoureux du paysage et se détendre aux sources thermales. Le paradis sur terre -- glisser en canot sur l'eau émeraude du lac Louise, entouré de sommets que domine de sa blancheur éblouissante le glacier Victoria.*

Dinosaur Provincial Park, Alberta

East of Calgary, the lunar-fantasy landscape of the Alberta Badlands is rich with dinosaur fossils. Visitors can actually see the bones preserved where they were discovered.

*Parc provincial du dinosaure, Alberta*

*À l'est de Calgary, les terres incultes de l'Alberta abritent dans un décor lunaire des fossiles de dinosaures. On peut y voir les ossements conservés à l'endroit de leur découverte.*

Athabasca Glacier, Columbia Icefield,
Jasper National Park, Alberta

Covering 310 sq. km (120 square miles), the Columbia Icefield
feeds many glaciers, including the easily accessible Athabasca. Here,
visitors can ride the snowcoach for a closer look at the crevasses and
melt channels of the glacier.

*Glacier Athabasca, Champ de glace Columbia,*
*Parc national Jasper, Alberta*

*D'une superficie de 310 km carrés (120 milles carrés), le champ de*
*glace Columbia alimente plusieurs glaciers dont l'accessible Athabaska.*
*En autoneige, les visiteurs se rendent observer les crevasses et les chenaux*
*glaciaires.*

Mount Edith Cavell, Jasper National Park, Alberta

South of the town of Jasper, the magnificent snowy cap of Mount Edith Cavell is reflected in Cavell Lake. Hiking trails lead to rushing waters from the glacier and mountain meadows awash with alpine flowers.

*Mont Edith-Cavell, Parc national Jasper, Alberta*

*Au sud de la ville de Jasper, le pic enneigé du mont Cavell se mire dans le lac Cavell. L'eau du glacier jaillit le long des sentiers de randonnée et la flore alpine y pousse très abondamment.*

Maligne Lake, Jasper National Park, Alberta

The Maligne Valley with its canyon, aqua pools and cascading waterfalls is one of the top attractions of the Rockies. A miniature island in Maligne Lake with its clump of ever-greens is one of the West's most unforgettable scenes.

*Lac Maligne, Parc national Jasper, Alberta*

*Avec son canyon, ses bassins et ses cascades, la vallée Maligne est l'un des sites les plus célèbres des Rocheuses. La minuscule presqu'île et son bouquet de conifères illustrent magnifiquement toute la beauté de l'Ouest.*

Niagara Falls, Ontario

One of North America's best known attractions, Niagara Falls can be viewed from the bridge, the three towers, or the Maid of the Mist boat cruise. The thundering sound of the massive wall of cascading water and the rainbows flashing through the heavy mist draw 12 million visitors a year.

*Les chutes du Niagara, Ontario*

*Site célèbre de l'Amérique du Nord, on peut apercevoir les chutes du pont, des trois tours et du bateau Maid of the Mist. Le grondement puissant de l'immense mur d'eau et les arcs-en-ciel qui surgissent dans la bruine épaisse attirent chaque année 12 millions de visiteurs.*

Percé Rock, Québec

Rising from the sea like some great monster, Percé Rock is one jewel in the Gaspé's treasure chest. Here is a peninsula of towering sheer cliffs gazing down on wide beaches, with the wilderness Chic-Chocs Mountains inland being the highest in eastern Canada.

*Rocher Percé, Québec*

*Comme la proue d'un navire, le rocher Percé avance dans la mer. La péninsule gaspésienne et ses imposantes falaises abruptes surplombent de vastes plages. Plus hauts sommets de l'Est canadien, les rudes monts Chic-Chocs font rempart à la Gaspésie.*

Cabot Trail, Nova Scotia

The Cabot Trail, which takes a 294 km (184-mile) loop around part of Cape Breton Island, is the best coastal drive in eastern North America. Winding along cliffs with views of thick forest, gushing waterfalls and streams, and sweeping panoramas of the sea, it is particularly breathtaking in autumn when the hills are rich with colour.

*Piste Cabot, Nouvelle-Écosse*

*La piste Cabot qui s'étend sur 294 km (184 milles) dans l'île du Cap-Breton est la plus belle route de la côte est nord-américaine. Longeant la mer, elle serpente des falaises coiffées de forêts luxuriantes, borde des chutes d'eau éblouissantes et offre des vues saisissantes, surtout à l'automne, quand les collines s'embrasent de mille couleurs.*

Icebergs, Twillingate, Newfoundland

Newfoundland, Canada's youngest province, offers visitors some fascinating sights: the fjord-like Western Brook Pond, Atlantic salmon leaping up Big Falls, whales frolicking in the ocean and massive ice sculptures floating offshore. The icebergs drift South until mid-summer and can be in shades of deep blue or soft green.

*Iceberg, Twillingate, Terre-Neuve*

*Terre-Neuve, dixième province du Canada, offre aux visiteurs des paysages fascinants : le fjord du lac Western Brook, le saumon de l'Atlantique qui remonte les rapides et les baleines qui s'amusent dans l'océan. Jusqu'au milieu de l'été, des icebergs tantôt bleu nuit, tantôt vert pâle dérivent vers le sud.*

Halifax, Nova Scotia

Halifax is an attractive city dominated by its magnificent harbour, the invigorating salt air and the constant parade of boats and ships. High atop Citadel Hill, the panorama overlooking the city and waterfront includes the Clock Tower, a major landmark that chimes on the hour.

*Halifax, Nouvelle-Écosse*

*Halifax est une très belle ville portuaire, baignée par l'air du large et animée par les nombreux bateaux et navires qui y accostent. Perchée au sommet, la citadelle offre une vue panoramique de la ville et de la rade avec l'Horloge dont les cloches sonnent les heures.*

At the foot of the Citadel, the Halifax Public Gardens are a Victorian delight with graceful weeping willows, ponds and statues. Suspension bridges link Halifax with its sister city, Dartmouth, located on the other side of the harbor.

*Au pied de la citadelle, le Jardin public est un pur ravissement de style victorien avec ses saules pleureurs, ses étangs et ses statues. Un pont suspendu relie Halifax à sa jumelle, Dartmouth, sur l'autre rive du port.*

Confederation House, Charlottetown, Prince Edward Island

Prince Edward Island's only city is the charming Charlottetown with its red-brick buildings surrounded by wooden houses. The cozy feeling of being in a small town is maintained with easy walking distances, gas lights and the oldest drug store in Canada. But Charlottetown is best known for Province House, where in 1864, the idea to create the Dominion of Canada was born.

*Chambre de la Confédération, Charlottetown, Île-du-Prince-Édouard*

*Seule ville de l'Île-du-Prince-Édouard, Charlottetown charme par ses immeubles en briques rouges entourés de maisons de bois et sa pharmacie, la plus ancienne du Canada. Le visiteur est conquis par les lampadaires au gaz et le sentiment d'être à proximité de tout. Mais on se rappelle Charlottetown principalement parce que c'est ici en 1864 qu'a germé l'idée du Dominion du Canada.*

## Saint-John, New Brunswick

With the arrival of the Loyalists (p,56), Saint John soon became a thriving port known for its shipbuilding. Today, the restored waterfront has a Market Square, a boardwalk and a curious clock with life-sized figures. Each July, the Loyalist Days are celebrated in glorious 18th century costume with various activities, including a re-creation of the original 1783 landing at Saint John Harbour.

## Saint-Jean, Nouveau-Brunswick

*Avec l'arrivée des Loyalistes (p.56), Saint-Jean devint rapidement un port réputé pour la construction de navires. Aujourd'hui, la Place du marché côtoie les quais rénovés, la promenade et on y trouve une étrange horloge avec des personnages grandeur nature. En juillet, on célèbre les Loyalist Days en revêtant un costume du 18e siècle et en assistant à la reconstitution du débarquement historique de 1783 dans le port de Saint-Jean.*

## Québec City, Québec

The great French, fortress city of Québec was built in split-level fashion along cliffs in Upper Town and down by the shimmering waterfront. High on the cliffs, the Chateau Frontenac Hotel overlooks the ancient cobblestone streets of Lower Town. A wide boardwalk, called Dufferin Terrace, stretches beyond the Chateau, where a stroll along the wooden planks rewards visitors with sweeping views of the pastoral countryside and boats cruising the St. Lawrence River.

## *Ville de Québec, Québec*

*La magnifique ville fortifiée de Québec a été construite en gradins sur les falaises de la Haute-Ville et le long du fleuve miroitant. Sur le promontoire, le Château Frontenac surplombe les anciennes rues en pavé de la Basse-Ville. Une large promenade en bois, la terrasse Dufferin, borde le Château et les promeneurs peuvent y admirer la vue imprenable sur le fleuve Saint-Laurent.*

The St. Louis Gate (below) was rebuilt to reflect the original 1693 design. Outside the old city walls lies modern Québec, with architecture that doesn't clash with the ancient part of the city.

The charming Rue Sainte-Anne is reminiscent of streets in France with its line of sidewalk cafés and brightly-coloured, half-timbered houses. The Québec Tourism Office (left) is conveniently located here in the former Union Hotel, which dates back to 1805.

*La porte Saint-Louis (en bas) a été reconstruite selon le modèle original de 1693. Hors les murs de la vieille ville, s'étend la partie moderne de la Ville de Québec dont l'architecture s'harmonise avec la partie ancienne de la ville.*

*La jolie rue Sainte-Anne rappelle les étroites rues de France avec ses cafés et ses maisons partiellement construites en bois et peintes de couleurs vives. La Maison du Tourisme de Québec (à gauche) loge dans l'ancien Hôtel Union qui remonte à 1805.*

The centre of Lower Town is Place Royale (top), which has been restored to its 18th century glory when it was the business centre for the prosperous new city.

Visitors can enjoy the old city's excellent French cuisine, take a break in a sidewalk cafe or explore the craft shops of Petit-Champlain (left), the city's oldest street.

*Située au coeur de la Basse-Ville, la Place-Royale (en haut) restaurée ressemble en tous points à ce qu'elle était au 18e siècle lorsqu'elle bourdonnait d'activités commerciales.*
*Les visiteurs peuvent apprécier l'excellente cuisine française, flâner à la terrasse du café voisin ou explorer les boutiques d'artisanat le long de la très ancienne rue du Petit-Champlain (à gauche).*

Québec City has brutal winters but high-spirited residents decided to throw a wild party to chase away the winter blues. The result is "Carnaval" (center), held every February for about 10 days, attracting over one million fellow party-goers to the ice palace, the parade, the toboggan slide at Dufferin Terrace (right) and 100 other indoor and outdoor events.
Nearby, Montmorency Falls (top) form an ice cone in winter that is used as a toboggan slope.

*Rudes sont les hivers à Québec mais les habitants enthousiastes combattent la froidure par une grande fête hivernale annuelle. Le «Carnaval» (au centre) du mois de février dure une dizaine de jours et attire plus d'un million de participants au palais des glaces, au défilé de nuit, à la glissoire géante de la terrasse Dufferin (à droite) et à une centaine d'autres activités intérieures et extérieures. Non loin de la ville, la chute Montmorency (en haut) sculpte un monticule de glace qui se prête à la glissade.*

Montréal, Québec

The enthusiasm in Montréal is lukewarm for Québec City's idea of one large winter festival. Instead, Montréal likes to party all summer long, one festival after another. They party on Mount Royal, which overlooks the city, on the ancient cobbled streets of Old Montréal (left), in the French café society world of St. Denis, and the English-influenced Crescent Steet.

Montréal is Canada's joie-de-vivre, let's party city. The population of three million is two-thirds French, one third English and other ethnic cultures, a mixture that creates a passion for fine food, chic clothes and unusual architecture. Never forget that in Montréal you can ride the rapids in the St. Lawrence River, smartly dressed in a yellow-hooded raincoat.

*Montréal, Québec*

*À Montréal, les citadins s'enthousiasment plutôt pour les fêtes d'été : un festival n'attend pas l'autre. Les habitants fêtent sur le mont Royal qui domine la ville, dans les rues du Vieux-Montréal (à gauche), aux terrasses des cafés qui jalonnent la francophone rue Saint-Denis et à celles de la rue Crescent, d'influence anglaise. Montréal est la ville la plus exubérante, la plus pétulante du Canada. Sa population se compose de deux tiers de francophones, d'un tiers d'anglophones et de nombreuses autres cultures. Il en résulte un mélange passionnant de restaurants exotiques, de boutiques de vêtements chics et une architecture peu banale. Vous pouvez même descendre les rapides vêtu d'un bel imper jaune rutilant et ne pas quitter la ville.*

The Olympic Stadium (below), built for the 1976 Summer Games, is a spectacular example of unusual architecture. Take the tower elevator to see sweeping panoramas of the city.

The Montréal Botanical Garden's major attraction is the largest Chinese Garden (left) outside of China. Nearby, the Biodôme is a fascinating natural science museum with four ecosystems, including a tropical forest and the underwater life of the St. Lawrence River.

*Le Stade olympique (en bas), site des Jeux Olympiques d'été de 1976, offre un exemple d'architecture hors du commun. Pour découvrir un panorama de la ville, prenez le funiculaire qui mène au sommet : frissons garantis!*

*Le magnifique jardin chinois du Jardin botanique de Montréal est le plus grand jardin chinois (à gauche) hors de Chine. Au pied du stade, le Biodôme fascine avec ses quatre écosystèmes dont la forêt tropicale et le milieu marin du fleuve Saint-Laurent.*

Montréal is a city of churches and one of the grandest is St. Joseph's Oratory (right). Perched high on the western side of Mount Royal, the oratory is visible from the airport at Dorval, 16 km (10 miles) away.

The usually bustling Old Montréal is quiet after a snowfall. A Christmas display brightens the exterior of Notre-Dame Basilica (below). The church's interior, with its lavishly decorated blue altar, is the most beautiful in Canada.

*Montréal, surnommée la ville aux cent clochers, abrite un lieu de culte imposant, l'Oratoire Saint-Joseph (à droite). Haut perché sur le flanc ouest du Mont-Royal, on peut l'apercevoir de l'aéroport de Dorval, à 16 km (10 milles) de là.*

*Le Vieux-Montréal, d'habitude si animé, se remet tranquillement de la tempête. Les décorations de Noël illuminent la façade de la basilique Notre-Dame (en bas) dont le magnifique autel d'un bleu sans pareil est le plus beau au Canada.*

Montréal has its Fireworks Festival (top), the Grand Prix, the elegant gambling Casino, the International Jazz Festival (centre), the Comedy Festival, the World Film Festival and La Ronde, the island amusement park created for Expo'67, Canada's all-time greatest festival.

*Montréal, c'est le Festival des feux d'artifice (en haut), le Grand Prix automobile, le Casino, le Festival international de jazz (au centre), le Festival «Juste pour rire», le Festival des films du monde et La Ronde, parc d'attractions bâti à l'occasion d'Expo 67, le festival des festivals canadiens.*

Ottawa, Ontario

Canada's magnificent Gothic-style Parliament Buildings, located in the country's capital city, Ottawa, are almost as famous as the Royal Canadian Mounted Police who patrol the grounds in summer.

*Ottawa, Ontario*

*Les magnifiques immeubles de style gothique du Parlement à Ottawa, capitale du pays, sont presque aussi célèbres que les membres de la Gendarmerie royale du Canada patrouillant à cheval durant l'été.*

Ottawa is a sophisticated city of 300,000, ever beautiful with its abundance of parks, the largest tulip display in North America (May) and the picturesque Rideau Canal. In summer, the sparkling waters of the canal are used by pleasure craft. In winter, the frozen canal becomes a 6km (4 mile) long skating rink with heated stands, skate rentals and night lights.

Ottawa has an impressive list of museums but take a quick drive across the Ottawa River to Hull, Québec, to see the excellent Canadian Museum of Civilization. Here, visitors can travel back in time several thousand years by descending directly into an archaeological "Dig." This fascinating exhibit is based on real archaeological work tracing the ancient Tsimshian People of Canada's West Coast.

*Ville jardin élégante de 300 000 habitants, Ottawa vous enchantera avec son festival de tulipes, le plus important en Amérique du Nord (Mai) et son pittoresque canal Rideau. Durant l'été, les embarcations de plaisance empruntent les eaux calmes du canal. En hiver, le canal devient une longue patinoire de 6 km (4 milles) avec abris chauffés, patins à louer et éclairage de nuit.*

*Ottawa compte une liste impressionnante de musées mais si vous traversez tout juste de l'autre côté de la rivière des Outaouais à Hull, au Québec, vous pourrez visiter l'impressionnant Musée canadien des civilisations. Les visiteurs peuvent remonter dans le temps plusieurs milliers d'années en visitant directement une «fouille» archéologique. Cette exposition fascinante s'inspire des travaux archéologiques qui ont retracé l'existence des Tsimshians de la côte ouest du Canada.*

Toronto, Ontario

Toronto is the heartbeat of Canada. Its great wealth comes from being the business and manufacturing centre of the country. But while it is still the focus of English language culture with the symphony, ballet, theater and opera, the city is evolving. Two-thirds of the over three million residents of Metropolitan Toronto were born and raised in other parts of the world.

Some of the city lies underground through an extensive network of pedestrian walkways. The streetcars and subway will take you anywhere in the downtown area and the charming ferries chug across to the Toronto Islands, the city's oasis on steamy summer days.

*Toronto, Ontario*

*Toronto, la cité au coeur du Canada. Sa situation de centre industriel et commercial du pays lui a valu une grande prospérité. Bien qu'elle soit toujours le foyer de la culture anglaise avec son orchestre symphonique, ses troupes de ballet, de théâtre et d'opéra, la ville change. Deux tiers de la population de plus de trois millions d'habitants du Toronto métropolitain sont nés et ont grandi dans d'autres pays du monde.*

*On accède à la partie souterraine de la ville par un réseau de galeries et de promenades. Les tramways et le métro vous mèneront partout au centre-ville et d'invitants traversiers vous conduiront aux îles de Toronto, oasis de fraîcheur pour les journées humides de l'été.*

The design of Toronto's City Hall seems to reflect the space-age concerns of the 1960s when it was built. A flying-saucer-shaped city council chamber is framed by winged towers. The complex sparkles each Christmas season during the "Cavalcade of Lights."

Four elevators whisk visitors up the CN Tower in about a minute. A lower stopping point called The Skypod has a revolving restaurant and nightclub. The Space Deck at 447 metres (1,465 ft.) is the world's highest public observation gallery. On a clear day you can see Niagara Falls.

*L'architecture de l'hôtel de ville de Toronto témoigne de l'idéal spatial des années 60. Deux tours incurvées font cercle autour de la salle du conseil qui, elle-même, a l'apparence d'une soucoupe volante. Chaque année à Noël, le complexe brille de tous ses feux durant la «Cavalcade des lumières». Quatre ascenseurs propulsent les visiteurs au sommet en une minute. À mi-chemin, arrêt au restaurant tournant du Skypod, puis, ascension vers le Space Deck à 447 mètres (1 465 pi), galerie d'observation la plus élevée au monde. Par beau temps, on peut apercevoir au loin les chutes du Niagara.*

The Eaton Centre, stretching for several blocks with a massive glass roof, is a modern Crystal Shopping Palace. For a European-style shopping experience, try Kensington Market with its familiar and exotic edibles stacked on tables in the narrow streets.

Bay street is the financial hub of the city with its profusion of banks, among them, the Royal Bank Plaza (right).

*Le Centre Eaton, recouvert d'un immense toit vitré, s'étend sur plusieurs coins de rue et ressemble à une galerie de boutiques en crystal. Pour des emplettes à l'européenne, arpentez les rues étroites du marché Kensington avec ses nombreux étals de produits d'ici et d'ailleurs.*

*Véritable quartier financier, la rue Bay compte de multiples banques, notamment la Royal Bank Plaza (à droite).*

With Toronto's large Chinese population (100,000) it's no surprise the city boasts the largest Chinatown (left) in North America.

The stylish Yorkville (centre) with its blocks of restored Victorian houses offers visitors trendy boutiques and extravagant restaurants.

Northwest of the downtown area, Casa Loma (below) is a grandiose 20th century castle with 98 rooms, secret panels and an underground tunnel that visitors can explore.

*L'importante population chinoise de Toronto (100 000 habitants) explique la notoriété de ce quartier, le plus important quartier chinois (à gauche) en Amérique du Nord.*

*Le quartier huppé de Yorkville (au centre) offre aux visiteurs des boutiques chics et des grands restaurants installés dans des maisons victoriennes rénovées.*

*Le nord-ouest du centre-ville abrite le Casa Loma (en bas), fabuleux château du 20e siècle comptant 98 pièces, avec des panneaux secrets et un tunnel souterrain que les visiteurs peuvent explorer.*

Calgary, Alberta

Calgary, a sparkling modern city of concrete and steel, origi-nated in 1875 as an outpost for the North West Mounted Police. Beautifully located, with the snow-capped Rockies in the distance, the city really began booming in the 1960s due to the oil industry.
Calgary was the proud host of the 1988 Winter Olympics. The Saddledome (top), which was used for the games, now holds sporting events and concerts.

*Calgary, Alberta*

*Calgary, cité ultramoderne avec ses gratte-ciel de béton et d'acier, n'était en 1875 qu'un poste de relais pour la Gendarmerie royale du nord-ouest. Magnifiquement située, avec les Rocheuses enneigées à l'horizon, la ville doit son essor au boom pétrolier des années 60.*
*Ville hôte des Jeux Olympiques d'hiver en 1988, son magnifique stade Saddledome (en haut) accueille désormais diverses manifes-tations culturelles et sportives.*

Calgary is famous for its July Stampede (left), the exciting ten-day salute to western culture. Not to be missed is the Chuckwagon Race, where wagons thunder towards the finish line, kicking up dust as the crowd roars its approval.

At the Prehistoric Park (below), life-sized reproductions of dinosaurs peer out at visitors from their backdrops of mountains, volcanoes, swampland and other terrain found in this area over 60 million years ago.

*Durant le Stampede (à gauche) en juillet, Calgary rend hommage pendant dix jours à cette culture de l'ouest, axée sur l'élevage et les ranchs. Ne ratez pas la Chuckwagon Race, course de charrettes fonçant bruyamment vers la ligne d'arrivée dans un nuage de poussière au grand plaisir du public qui en redemande.*

*Au Parc préhistorique (en bas), des reproductions grandeur nature des dinosaures attendent les visiteurs dans un décor de montagnes, de volcans, de marais comme il en existait dans la région il y a plus de 60 millions d'années.*

Robson Square

Vancouver, British Columbia

Vancouver is Canada's most beautiful city. The sky-scrapers, shimmering in the late-day sunlight, are backed by blue mountain peaks that seem ever so close. The waterfront is dotted with white pleasure craft and mighty ocean vessels, and kites wave in the breeze as children run along the sandy beach at English Bay. Canada's third largest city rarely sees snow and flowers still bloom in December.

*Vancouver, Colombie-Britannique*

*Vancouver est certes la plus belle ville du Canada. Derrière les gratte-ciel qui flamboient dans le soleil couchant, se profilent au loin les cimes bleutées des hautes montagnes. Dans le port, les yachts blancs côtoient les paquebots en rade tandis que les cerfs-volants s'agitent dans le vent et que les enfants courent le long de la plage sablon-neuse d'English Bay. Troisième ville en importance du Canada, il neige peu à Vancouver et, en décembre, les fleurs embaument toujours.*

Gastown (right) is a delightful Victorian-era section of the city with shops and pubs housed inside gaily restored buildings.

Stanley Park is the best city park in Canada. Practically surrounded by water, the park features splendid mountain views, woodland trails with Douglas Fir trees and the Vancouver Public Aquarium (below) where killer whales, dolphins and sea otters are among the 650 species which can be seen below the water's surface.

Across Lion's Gate Bridge from Stanley Park is the Capilano Suspension Bridge (centre), the longest footbridge in the world. Since the bridge sways as you walk, the experience can range from thrilling to terrifying, depending on the views of those crossing.

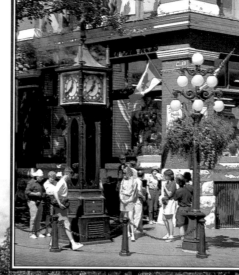

*Gastown (en haut) est un charmant quartier très animé datant de l'époque victorienne avec ses boutiques, ses pubs dans des immeubles joliment rénovés.*

*Le parc Stanley est à coup sûr le plus beau parc municipal du Canada. Presque complètement entouré d'eau, il offre un point de vue unique sur les montagnes, des sentiers bordés de sapins Douglas géants et donne accès à l'Aquarium de Vancouver (en bas) où les visiteurs peuvent voir, parmi les 650 espèces qui s'y trouvent, des épaulards, des dauphins et des loutres de mer.*

*De l'autre côté du Lion's Gate Bridge relié au parc Stanley, se trouve le pont suspendu Capilano (au centre), le plus long pont pour piétons au monde. Le pont oscille au fur et à mesure de la traversée; expérience exaltante ou terrifiante, tout dépend du point de vue de ceux qui le traversent.*

## Victoria, British Columbia

While Québec is the great French city of Canada, Victoria is the country's most English city. Located among the beautiful untamed wilderness of Vancouver Island, in Victoria high tea is observed, cricket and lawn bowling are played and the stately Parliament Buildings dazzle the eyes with thousands of lights. It should come as no surprise that this elegant capital city of British Columbia was named after Queen Victoria. You can have your tea in the Crystal Garden, a huge glass house with tropical birds and plants, or at the city's landmark, the Empress Hotel.

### *Victoria, Colombie-Britannique*

*Si Québec est la ville la plus française du Canada, Victoria est, quant à elle, la plus britannique. Capitale provinciale située dans la nature intouchée de l'Île de Vancouver, on y observe la cérémonie du thé, on y joue au cricket et au jeu de boules sur gazon. La nuit, les édifices du Parlement brillent de tous leurs feux. Cette ville élégante de Colombie-Britannique porte un nom célèbre, celui de la reine Victoria. Vous pouvez prendre le thé au Crystal Garden, immense serre abritant plantes exotiques et oiseaux tropicaux ou au très chic Hôtel Empress.*

At Beacon Hill Park (centre) with its English rose gardens and cricket field, a plaque marks the beginning of the Trans-Canada Highway.
North of Victoria, the lush Butchart Gardens (right) are the loveliest in Canada, a virtual Garden of Eden. Footpaths wind through the many garden themes which include a stunning Sunken Garden, rose-covered archways, a waterfall and a star-shaped lily pond. The gardens bloom year round.

*Au parc Beacon Hill (en haut), non loin de la roseraie et du terrain de cricket, se trouve la borne indiquant le début de la route trans-canadienne.*
*Au nord de Victoria, les luxuriants Jardins Butchart (à droite) sont les plus ravissants jardins du Canada, un véritable paradis. Les allées jalonnent les nombreux jardins différents et mènent au jardin en contrebas, aux tonnelles couvertes de roses, à la fontaine et à la mare étoilée. Les jardins sont en fleur toute l'année.*

Prince Edward Island

In Canada's smallest province distances are short. An hour's drive from the sweeping sand dunes and rolling white crests of the northern beaches lie the red cliffs of southern P.E.I. In the centre the land is emerald green, dotted with immaculate farms.

*Île-du-Prince-Édouard*

*Dans la plus petite province du Canada, les distances sont courtes. À une heure de route des dunes de sable et des vagues blanches des plages du nord s'étendent les falaises rouges du sud de l'Île-du-Prince-Édouard. Au centre de l'île, le paysage est vert émeraude, ponctué de minuscules taches blanches que sont les fermes de l'île.*

Prince Edward Island National Park, Cavendish Beach
*Parc national Île-du-Prince-Édouard, plage Cavendish*

Peggy's Cove, Nova Scotia

Peggy's Cove, the tiny lobster fishing village near Halifax, has long been cherished for its simple charm. In the harbour, the water laps against the fishing shacks which stand firmly on their stilts. As the sun sets, the lighthouse becomes a silhouette, a romantic symbol of the past.

*Peggy's Cove, Nouvelle-Écosse*

*Peggy's Cove, minuscule village de pêche au homard près de Halifax, séduit depuis toujours par son charme tout simple. Dans le port, l'eau vient battre contre les cabanes de pêche solidement installées sur pilotis. Dans le soleil couchant, le phare, symbole romantique du passé, monte la garde.*

Hopewell Cape,
New Brunswick

At Hopewell Cape near Moncton, New Brunswick, a strange and magical world suddenly appears at low tide. The red sandstone cliffs have been carved by the winter fury of the Bay of Fundy into such fantastic shapes that they are called the "Flowerpot Rocks."

*Hopewell Cape,*
*Nouveau-Brunswick*

*À Hopewell Cape près de Moncton, au Nouveau-Brunswick, un monde étrange et magique apparaît soudainement à marée basse. En hiver, dans la baie de Fundy, la mer en furie frappe les falaises et les sculpte en forme de «pots de fleurs».*

The Hartland Covered Bridge (centre) in New Brunswick measures 391 metres (1,282 ft.), making it the longest covered bridge in the world. Two enchanting islands in the Bay of Fundy attract summer visitors. At Campobello (top) tiny coves and rocky inlets encourage quiet reflection. At Grand Manan Island (below), the scenery is often wilder, with jagged cliffs and a wide variety of birds, including the rare puffins. But Grand Manan has its share of peaceful coves.

*Le pont couvert de Hartland (au centre) au Nouveau-Brunswick d'une longueur de 391 m (1 282 pi) est le plus long pont couvert du monde. Deux îles enchanteresses de la baie de Fundy attirent les vacanciers. Les anses minuscules et les petits ports rocheux de Campobello (en haut) favorisent la tranquillité. À l'île Grand Manan (à gauche), le paysage est plus sauvage, les falaises élevées et on y trouve une population d'oiseaux fort intéressante dont le rare macareux. Grand Manan compte aussi de nombreuses anses paisibles.*

In the golden rays of the setting sun an 18th century windmill dominates the landscape. This is Ile Aux Coudres (right), a delightful island in the St. Lawrence River along the scenic Charlevoix Coast, east of Québec City.

The wild, windswept terrain of the Magdalen Islands (below) is nearer to P.E.I. than its home province of Québec. On Havre-aux-Maisons Island, haystacks have roofs to prevent the hay from becoming a movie title--Gone With the Wind.

*Dans les rayons du soleil couchant, un moulin à vent du 18e siècle anime le paysage. Voici l'Île aux Coudres (à droite), île fabuleuse située dans le fleuve Saint-Laurent, le long de la côte de Charlevoix à l'est de la ville de Québec.*

*Le site sauvage, fouetté par les vents violents, des Îles-de-la-Madeleine (en bas) est géographiquement plus près de l'Île-du-Prince-Édouard que de sa province, le Québec. Sur l'île de Havre aux Maisons, on recouvre les meules de foin pour ne pas qu'elles s'envolent au vent.*

*Les endroits tranquilles*

Crisp winter days with bright blue skies and freshly fallen snow are simply grand, especially in Québec's Laurentian Mountains. Mont-Tremblant (left) is the name of a picturesque village, and also the nearby mountain, the highest peak in the region.

The Eastern Townships (below) near the American border, are reminiscent of New England with their winding back roads, lush farms, covered bridges and country inns.

*Extraordinaires, ces journées d'hiver froides et ensoleillées, sous un ciel bleu, après une bordée de neige; en particulier dans les Laurentides québécoises! Mont-Tremblant (à gauche) désigne un village charmant et la montagne avoisinante, le plus haut sommet de la région.*

*Les Cantons de l'Est (en bas) près de la frontière américaine rappellent la Nouvelle-Angleterre avec ses petites routes sinueuses, ses fermes prospères, ses ponts couverts et ses auberges.*

## Algonquin Park, Ontario

Located in southern Ontario, the exceptional Algonquin Park is teeming with wildlife: bear, beavers, deer, moose and wolves. One of Canada's symbols, the loons (below), are abundant on the park's 2,000 lakes, their lonesome cry emphasizing the wildness of a place that is mainly accessible by canoe and hiking trail.

*Le parc Algonquin, Ontario*

*Situé dans le sud de l'Ontario, le parc Algonquin abrite une faune extraordinaire : ours, castors, chevreuils, orignaux et loups. Les huarts (en bas), un des symboles du Canada, s'ébattent allègrement dans les quelque 2 000 lacs du parc. Leur cri singulier accentue la beauté sauvage des lieux, accessibles surtout en canot et par les sentiers de randonnée.*

*Les endroits tranquilles*

## Thousand Islands, Ontario

East of Kingston, the deep blue waters of the St. Lawrence River are dotted with islands, ranging in size from richly forested acres to lonely pines perched on a boulder. The best way to see the Thousand Islands is on a leisurely boat cruise that wanders through the smaller channels not accessible to the great ships of the St. Lawrence Seaway. Many people have built homes on these islands, and yes, the famous salad dressing was invented here.

## *Les Mille Îles, Ontario*

*À l'est de Kingston, les eaux profondes du fleuve Saint-Laurent sont parsemées d'îles, tantôt grandes et boisées, tantôt minuscules avec quelques pins solitaires. Pour apprécier les Mille Îles, il faut prendre le bateau qui se promène dans le dédale des îles, non accessibles aux paquebots qui empruntent la voie maritime du Saint-Laurent. En plus d'abriter de nombreuses résidences, les îles sont aussi le lieu où a été concoctée la fameuse recette de vinaigrette.*

### The Prairies

Northern Saskatchewan is a land of forest and lakes and the southeast has the great sandstone cliffs of the badlands. But the province is most famous for its vast, flat prairie land, so abundant with waving wheat fields, and brightly-coloured grain elevators.

Magnificent fields of sunflowers prompted residents to organize the Manitoba Sunflower Festival, held each year at the end of July.

### *Les Prairies*

*Le nord de la Saskatchewan est un amalgame de forêts et de lacs et le sud-est abrite les falaises de grès des terres incultes. Cependant, la province s'illustre davantage par ses vastes prairies dont les champs de blé s'étendent et ondulent à perte de vue. De loin en loin, s'élèvent les tours colorées des silos.*

*Les extraordinaires champs de tournesol du Manitoba ont incité les résidents à tenir un festival des tournesols chaque année à la fin de juillet.*

Okanagan Valley

The intense green of the land and sparkling blue waters of Lake Okanagan create an appealing contrast with the dry, barren hills framing the valley. Extensive irrigation has turned this hot, sunny, semi-desert in southern B.C. into a lush landscape of fruit orchards and vineyards.

*La vallée de l'Okanagan*

*Le vert intense du paysage et l'eau bleue scintillante du lac Okanagan contrastent avec les collines arides et sèches qui ceignent la vallée. Une abondante irrigation a trans-formé ce semi-désert chaud et brûlant du sud de la Colombie-Britannique en une étendue luxuriante de vergers et de vignobles.*

Signal Hill, St. John's, Newfoundland

On St. John's day in 1497, explorer John Cabot sailed into an intriguing natural harbour with a narrow passageway flanked by steep, rocky slopes. On the north side, the 150 metre (500 ft.) cliffs form Signal Hill, which offers today's visitors a commanding view of the coastline as far as Cape Spear, and a delightful panorama of the brightly-hued wooden buildings lining the hilly streets of St. John's, Newfoundland's capital. Cabot Tower, a fixture on Signal Hill since 1898, is the city's most popular landmark. Students wearing the uniforms of the Royal Newfoundland Regiment perform a Military Tattoo during July and August.

*Signal Hill, Saint-John, Terre-Neuve*

*Le jour de la Saint-Jean en 1497, l'explorateur John Cabot pénètre dans un surprenant port naturel au creux d'un étroit passage bordé de rochers abrupts. Au nord, se dresse le promontoire haut de 150 mètres (500 pi) de Signal Hill d'où le visiteur a une vue de la côte jusqu'à Cape Spear et un panorama des jolies maisons en bois s'alignant dans les rues escarpées de St-John, capitale de Terre-Neuve. La tour de Cabot, construite en 1898, occupe tout l'espace du promontoire et est l'élément le plus populaire de la ville. En juillet et en août, les cadets portant l'uniforme du Régiment Royal de Terre-Neuve exécutent le Tattoo.*

House of Green Gables

At Cavendish, Prince Edward Island, visitors can explore the former home of author Lucy Maud Montgomery whose novel "Ann of Green Gables" has been enchanting readers since it was first published in 1908. Irrepressible Ann, with her red braids and straw hat, can be seen on stage in Charlottetown every summer, performing the musical version of the book.

*La maison aux pignons verts*

*À Cavendish, dans l'Île-du-Prince-Édouard, les vacanciers peuvent visiter l'ancienne résidence de Lucy Maud Montgomery, auteur du roman «La maison aux pignons verts» qui a enchanté les lecteurs depuis sa publication en 1908. On peut voir la pétillante Anne, avec ses tresses rousses et son chapeau de paille, dans la version musicale jouée chaque été à Charlottetown.*

### Louisbourg, Nova Scotia

Louisbourg on Cape Breton Island in Nova Scotia, is a fascinating recreation of the great, ill-fated fortress of New France. Construction of the original Louisbourg began in 1719 on difficult, boggy terrain, with corrupt officials siphoning funds from the King of France and soldiers rebelling against harsh living conditions. When the fortress, which included a harbour and town, was nearly completed, it was attacked, blockaded and finally destroyed in 1760.

### *Louisbourg, Nouvelle-Écosse*

*Louisbourg sur l'Île du Cap-Breton en Nouvelle-Écosse est une reconstruction fascinante de l'infortunée forteresse française. La construction de la forteresse originale commença en 1719 sur un terrain boueux et peu propice. La corruption gagna les officiers français qui s'accaparèrent les fonds du Roi de France et les soldats finirent par se mutiner. À peine terminée, la forteresse, qui comprenait le port et la ville, est assiégée et le port bloqué. En 1760, elle tombe définitivement aux mains des Anglais qui la détruisent.*

Today the site has been lavishly reconstructed with an arched gateway, masonry buildings and authentic furnishings. Costumed staff, trained in the nuances of the 18th century behavior, add to the exciting feeling of stepping back in time.

*Aujourd'hui, le site a été magnifiquement reconstruit et on y trouve une entrée d'honneur, un pont-levis, des maisons en pierre et des meubles d'époque. Le personnel costumé vaque à ses occupations à la façon du 18e siècle et vous donne l'impression vertigineuse de revenir en arrière.*

Port Royal Habitation and Annapolis Royal

Port Royal is an exact replica of the first permanent European settlement in Canada. In 1604 Samuel de Champlain set sail with a French nobleman, Sieur de Monts, who had been granted permission to colonize the New World by the King of France. The Habitation was constructed the following year in the Annapolis Basin in the style of 16th century French farms with steeply pitched roofs and fieldstone chimneys. To help settlers survive the long, monotonous winters, Champlain created The Order of Good Cheer, in which members enjoyed frequent gourmet feasts.

*L'Habitation de Port-Royal et Annapolis Royal*

*Port Royal est la réplique fidèle du premier établissement européen permanent au Canada. En 1604, Samuel de Champlain largue les voiles, accompagné d'un noble français, le Sieur Pierre de Monts, auquel le Roi de France a confié la mission d'aller coloniser le Nouveau-Monde. L'Habitation a été érigée l'année suivante dans le bassin d'Annapolis selon le style des fermes françaises du 16e siècle avec toits pointus et cheminées en pierre. Pour aider les colons à passer les longs et durs hivers, Champlain créa l'Ordre de Bon-Temps dont les membres préparaient à tour de rôle les joyeux banquets.*

Annapolis Royal, named after Queen Anne, was once the capital of Nova Scotia. At the historic Gardens, the Governor's Garden is one of several theme gardens located along winding pathways.

*Annapolis Royal, baptisée ainsi en l'honneur de la reine Anne Stuart, a été autrefois la capitale de la Nouvelle-Écosse. Les jardins historiques renferment plusieurs jardins différents qu'on découvre le long d'allées sinueuses, notamment le jardin du Gouverneur.*

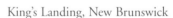

King's Landing, New Brunswick

Located near New Brunswick's capital, Fredericton, King's Landing Historical settlement recreates Loyalist life from 1790 to 1870. The Loyalists, who were named for their devotion to the British crown, arrived in Saint John after the American Revolution and soon settled across the province.

*King's Landing, Nouveau-Brunswick*

*Situé près de Fredericton, capitale du Nouveau-Brunswick, le site historique de King's Landing est un village reconstituant la vie des Loyalistes de 1790 à 1870. Connus pour leur attachement à la couronne britannique, les Loyalistes arrivèrent après la révolution américaine et s'établirent dans la province.*

The King's Landing site contains 55 buildings, including a schoolhouse, a general store, elegant homes and gardens, a blacksmith and a sawmill. The water-powered mill operates regularly, its huge wheel setting the saw blade in motion. You can also relax at King's Head Inn, a 19th century establishment which offers frosty beverages and steaming meat pies.

*Parmi les 55 édifices du village, on trouve une école, un magasin général, des jardins et d'élégantes maisons, une forge et une scierie. Grâce à son imposante roue à aubes qui actionne la scie, le moulin fonctionne toujours et taille le bois. Le voyageur peut prendre des boissons fraîches et goûter d'appétissants pâtés à l'auberge King's Head, établissement conforme au style du 19e siècle.*

### The Citadel , Québec

Québec City was founded in 1608 by Samuel de Champlain who recognized the strategic value of building a settlement on a mighty cliff overlooking the deep blue waters of the St. Lawrence River. By 1759 the British were in control of the walled city and they decided to reinforce it further by beginning construction on The Citadel in 1820. Today, visitors to this great fortress with its panoramic views can enjoy the colourful Changing of the Guard. The soldiers wear red coats, busbees and carry bayonets. Twice daily the cannons are fired. The Citadel also has a current military function as the headquarters of the French Canadian 22rd Regiment.

### *La Citadelle, Québec*

*Reconnaissant la valeur stratégique de l'emplacement, Samuel de Champlain, fondateur de la ville de Québec en 1608, décide de construire un établissement sur le promontoire qui surplombe les eaux profondes du Saint-Laurent. En 1759, la ville tombe aux mains des Anglais. En 1820, les Britanniques décidèrent de compléter les fortifications et commencèrent alors la construction de la Citadelle. Aujourd'hui, les visiteurs qui se rendent à cette forteresse peuvent admirer la vue panoramique et assister à la relève de la garde. Les soldats portent la veste rouge, le bonnet à poil et la bayonnette. Deux fois par jour on y tire le canon. La Citadelle remplit toujours une fonction militaire car elle sert de quartier général à l'unité française du Royal 22e Régiment.*

Old Montréal

Montréal was founded in 1642 as a religious mission by Sieur de Maisonneuve. In Old Montréal visitors can journey back in time at Pointe-à-Callière, the original landing site of Maisonneuve. Beneath the modern museum the light in the ancient passageways is subdued and five ghostly holograms, representing people from the city's past, give a lively account of their history.

*Le Vieux-Montréal*

*Montréal a d'abord été une mission religieuse, fondée par Paul Chomedey, sieur de Maisonneuve en 1642. Dans le Vieux-Montréal, les visiteurs peuvent faire un voyage dans le temps au musée Pointe-à-Callière, situé sur l'emplacement original choisi par Maisonneuve. Dans son sous-sol aux lumières tamisées, les visiteurs circulent parmi les anciennes fondations et cinq magnifiques hologrammes racontent de façon animée l'histoire de la ville.*

Nearby, Place d'Armes is a square surrounded by the oldest building in Montréal, the St. Sulpice Seminary (1685) and several financial institutions, including the beautiful Bank of Montréal with its Roman Revival architecture. A statue of Maisonneuve stands proudly in the centre of the square, facing the twin towers of Notre-Dame Basilica.

*Non loin se trouve la Place d'Armes qu'entourent le plus vieux bâtiment de Montréal, le séminaire de Saint-Sulpice (1685) et plusieurs institutions financières dont la superbe Banque de Montréal avec son architecture néo-classique. Au centre de la place, une statue de Maisonneuve se dresse fièrement, devant les deux clochers de la basilique Notre-Dame.*

Old Fort Henry, Kingston, Ontario

The massive Old Fort Henry was built in the 1830s to protect Kingston, Ontario, which was once the capital of the United Provinces of Canada. Today, the fort is most memorable for its trained students who reenact the life of 19th century British soldiers. Visitors can enjoy the exciting infantry and artillery drills, particularly the Ceremonial Retreat performed during July and August.

*Vieux Fort Henry, Kingston, Ontario*

*L'imposant vieux Fort Henry a été construit en 1830 pour protéger Kingston, en Ontario, alors capitale des provinces unies du Canada. Aujourd'hui, le fort accueille durant l'été des étudiants qui recréent la vie des militaires britanniques du 19e siècle. Les visiteurs peuvent assister aux diverses manoeuvres d'infanterie et d'artillerie et, en particulier, à la cérémonie de la descente des couleurs en juillet et en août.*

Upper Canada Village, Morrisburg, Ontario

Upper Canada Village is a magical recreation of Loyalist settlement in Ontario from 1784 to 1867, and remains to this day one of the best restoration sites in North America. Wander along the country lanes as stage coaches rumble past and "inhabitants" of the village go about their daily tasks in period costume including baking bread, quilting and cabinet making. You can visit the village store, the doctor's surgery, the tinsmith, even sample a 19th century meal at Willard's Hotel. Then take a ride on a bateau as it glides down a canal.

*Le village du Haut-Canada Village, Morrisburg, Ontario*

*Le village du Haut-Canada Village est la reconstitution magique d'un village loyaliste qui s'établit en Ontario de 1784 à 1867. Il s'agit d'un des plus beaux sites restaurés d'Amérique du Nord. Promenez-vous le long des allées du village tandis que passent les diligences et que les «habitants» exécutent leurs tâches quotidiennes en costume d'époque : cuire le pain, tisser les courtepointes et travailler le bois. Vous pouvez visiter le magasin du village, le cabinet du médecin, la ferblanterie, et même manger un repas typique du 19e siècle à l'hôtel Willard. Pourquoi ne pas terminer le tout par une promenade en bateau sur le canal.*

Historic, Manitoba

At Lower Fort Garry (top), located north of Winnipeg, the early life of the fur traders is re-created with period supplies and costumed staff. A charming windmill (right) is one of several buildings in the Mennonite Village Museum, located south of Winnipeg. The Mennonites fled Europe to escape religious persecution sparked by their strong pacifist beliefs.

*Le Manitoba au temps jadis*

*À Lower Fort Garry (en haut), au nord de Winnipeg, on retrouve la vie d'antan telle qu'elle se vivait au début de la traite des fourrures avec les marchandises d'alors et le personnel vêtu en costume d'époque. Un charmant moulin (à droite) ressort parmi d'autres bâtiments du village-musée mennonite au sud de Winnipeg. Les mennonites ont fui l'Europe pour échapper aux persécutions religieuses déclenchées par leurs convictions pacifistes inébranlables.*

Totem Poles are unique to the Pacific Coast Indians. Made of cedar, the columns had many uses including decoration and memorials. At the Museum of Anthropology in Vancouver, the Great Hall contains an extensive collection of totems and other artifacts, including ceremonial archways and canoes, all featuring the distinctive carvings of birds, animals and humans.

*Les totems sont caractéristiques des Indiens de la côte du Pacifique. Sculptés dans le cèdre, ils servaient d'éléments décoratifs et commémoratifs. Le grand hall du Musée d'anthropologie de l'Université de la Colombie-Britannique renferme une collection impressionnante de totems, de canots et autres objets d'art sur lesquels on reconnaît des oiseaux, des animaux et des visages humains.*

In 1885 the Canadian Pacific Railway was completed, finally joining Canada's Atlantic coast with the Pacific coast. The Royal Hudson, one of the huge steam engines which formerly hauled trains across the continent, now winds its way through the breathtaking coastal scenery and mountain views from North Vancouver to Squamish.

*En 1885, la construction du Canadian Pacific Railway, premier chemin de fer reliant l'océan Atlantique à la côte du Pacifique, prend fin. La Royal Hudson, l'une des grosses locomotives à vapeur qui jadis remorquaient les trains à travers le continent a repris du service le long de la spectaculaire route panoramique qui relie North Vancouver à Squamish.*

Dawson City, Yukon

The colourful Dawson City, located in Canada's great mountain wilderness of the Yukon, dates back to the Gold Rush of the 1890s when 250,000 people descended on the area to pan for gold in the streams. Today, there are about 2,000 permanent residents and 25,000 summer visitors. Restored with its rustic, rowdy past in mind, Dawson City features cancan girls at a casino named "Diamond-Tooth Gertie's Gambling Hall" and vaudeville at the Palace Grand Theatre. Visitors will marvel at the nearly 24-hour sunshine and the lush vegetation and floral displays such seasonal warmth creates. From Midnight Dome, the view of the tiny city and surrounding mountains with rivers snaking into the wilderness, is hauntingly beautiful.

*Dawson City, Yukon*

*La ville colorée de Dawson City, située dans les montagnes sauvages du Yukon a vu le jour durant la période de la ruée vers l'or en 1890. À cette époque, 250 000 personnes transformées en chercheurs d'or ont envahi la région. Aujourd'hui, la région compte 2 000 habitants permanents et 25 000 visiteurs durant l'été. Restaurée selon le style un peu voyou de l'époque, le casino «Diamond Tooth Gertie's Gambling Hall» donne des spectacles de french cancan et le Palace Grand Theatre offre du vaudeville. Il fait jour pendant presque 24h et les visiteurs s'émerveilleront devant la végétation luxuriante et les fleurs qui s'épanouissent par tant de chaleur et de clarté. Du «Midnight Dome», la vue sur la ville minuscule et sur les montagnes environnantes dont s'échappent des rivières s'avère inoubliable.*